AF459139

Par l'abbé [illegible]
d'après Barbier.

V

LETTRE D'UN MATHEMATICIEN A UN ABBÉ,

OU L'ON FAIT VOIR 1°. QUE la Matiere n'est pas divisible à l'infini. 2°. Que parmi les Estres créez il ne sçauroit y avoir d'infinis en nombres ni en grandeur. 3°. Enfin, que les Métaphysiciens qui pensent autrement abusent des Mathématiques & de leurs Démonstrations, lorsqu'ils s'en servent pour appuyer leurs opinions.

A PARIS, RUE S. JACQUES.

Chez C. A. JOMBERT, au coin de la rue des Mathurins, à l'Image Notre-Dame.

M. DCC. XXXVII.

Avec Approbation & Permission.

LETTRE D'UN MATHEMATICIEN A UN ABBÉ.

Où l'on fait voir 1° que la Matiere n'est pas divisible à l'infini. 2°. Que parmi les Estres créez, il ne sçauroit y avoir d'infinis en nombre ni en grandeur. 3°. Enfin, que les Métaphysiciens qui pensent autrement abusent des Mathématiques & de leur Démonstrations, lorsqu'ils s'en servent pour appuyer leurs opinions.

LA Lettre, Monsieur, que vous vous êtes donné la peine de mécrire, m'a fait faire bien des réflexions sur les effets que la solitude produit.

Trois mois & plus ſe ſont paſſez depuis la diſpute que j'eus avec M. *** au ſujet de l'Infini le jour que nous allâmes promener dans le Parc de Saint Cloud ; vous fûtes témoin de tout ce qui fut dit de part & d'autre, & je me ſouviens que vous y faiſiez une profonde attention ; cependant le lendemain il parut que vous l'aviez entierement oublié, & ce qui me l'a fait croire de plus en plus, c'eſt qu'il ne vous eſt jamais venu en penſée de m'en dire le moindre mot le reſte du tems que vous avez demeuré à Paris, quoiqu'il ne ſe ſoit guéres paſſé de jours que je n'aye eu l'honneur de vous voir. Aujourd'hui à peine êtes-vous arrivé dans votre Campagne, que toutes ces idées que le tems devoit avoir effacé, ſe réveillent dans votre eſprit avec tant de vivacité, que vous imaginant nous entendre encore, vous vous jettez de plein ſaut dans les abîmes impénétrables de l'infini, d'où vous vous avisez de m'appeller à votre secours. Ne sont-ce pas là de ces sortes de retours que le seul silence d'une retraite peut faire naître, & qui donnent quelquefois occasion aux esprits éclairez & pénétrans, tel que le votre, de faire des découvertes, ausquelles ils n'auroient jamais pensez, si le tumulte des Villes les avoient toujours tenus dans la dissipation? Mais je ne m'étens pas d'avantage sur ce Chapitre pour ne pas vous faire languir sur ce que vous me demandez. En bonne foy, Monsieur, croyez-vous que de même qu'Ariadne je puisse vous donner un fil qui vous tire d'un Labyrinthe mille fois plus embarrassant que celui où le fameux Heros d'Athênes fut autrefois enfermé, ou que comme un autre Alexandre je trancherai un nœud qui a toujours été indissoluble aux génies même les plus subtils? Détrompez-vous si c'est là l'opinion que vous avez conçûe de moi : je ne ſçaurois me prévenir en ma faveur juſqu'à ce point ; & ſi j'entreprens aujourd'hui de vous ſatisfaire, ſoyez perſuadé que c'eſt bien moins dans l'eſperance de pouvoir réſoudre vos queſtions, que parce que je ne puis oublier ce que je dois à l'amitié dont vous m'avez toujours honoré. Après tout, il eſt plus glorieux de s'expoſer à faire naufrage pour ſauver un ami, que de ſe contenter de quelques gémiſſemens ſteriles qu'on peut pouſſer ſur lui du haut du rivage. Au reſte, j'eſpere que ceci vous rendra plus prudent, & qu'à l'avenir, loin de me parler de ce Pays ſemé de ronces & d'épines, où l'on ne ſçauroit voyager ſans être piqué de toutes parts, vous ne m'entretiendrez plus que de l'émail de vos Prairies, de la varieté de vos Parterres, du doux murmure des Eaux dont vous avez pris ſoin de les arroſer, & de la fraîcheur délicieuſe de vos paiſibles boſquets. Venons donc à ce que vous ſouhaitez ſçavoir de moi.

Si j'ai bien compris le ſens de votre Lettre, les éclairciſſemens dont vous croyez avoir beſoin peuvent ſe réduire à trois Chefs. Le premier conſiſte à ſçavoir s'il y a des nombres infinis; le ſecond, comment on doit les définir, ſuppoſé qu'ils exiſtent, c'eſt-à-dire, ſi on doit les appeller avec les Peripateticiens des nombres qui ne ſçauroient devenir plus grands, ou s'il faut dire avec les Modernes, que ce ſont des nombres qui ſeront toujours infinis, quelqu'addition qu'on leur faſſe, ou quoique ce ſoit qu'on veuille en retrancher; & le troiſiéme enfin, ſuppoſé qu'il n'y aye point de ces ſortes de nombres, comment on pourra ſauver les Démonſtrations Mathématiques, dont la plûpart s'appuyent ſur la ſuppoſition des infinis. Or avant de répondre à ces trois chefs, souffrez que je vous fasse à mon tour quelques questions.

En premier lieu, quelle idée avez-vous de l'infini ? Est-ce ce qui n'a point de bornes, ni ne sçauroit en avoir, ou simplement ce dont les bornes nous sont inassignables ? Si vous le prenez dans le premier sens, je ne trouve que Dieu qu'on puisse appeller infini ; mais si vous l'entendez de la seconde maniere, je n'ai qu'à ouvrir les yeux pour trouver de tous côtez des choses à qui je puis attribuer ce nom. Je ne sçaurois compter le nombre des étoiles ; voilà donc un infini. Personne ne me dira combien le diamétre du monde contient de toises ou de pieds, en voilà un second. Sans aller même si loin, je ne puis assigner la derniere de toutes les divisions qu'on peut faire de la plus petite longueur, ou si vous voulez d'un Atôme qui vole dans ma chambre : Que d'infinis de toutes parts, & infinis humilians pour l'homme que les moindres choſes d'icy bas arrêtent tout court, tandis que s'élevant au-deſſus des êtres créez, il a l'orgueil de vouloir approfondir les Myſteres de la Divinité ! Mais ces infinis en nombre méritent-ils ce beau titre, ou ſi l'on doit ſe contenter de les appeller inaſſignables : c'eſt ce que nous examinerons après que je vous aurai fait une ſeconde queſtion.

En ſecond lieu donc, qu'entendez-vous par le mot de *Nombre ?* Vous ſçavez, Monſieur, que ce terme, pour parler le langage de l'école peut ſe prendre dans le ſens abſtrait, ou dans le ſens concret. Le nombre pris dans le ſens abſtrait eſt une multitude en géneral qui ne ſignifie rien de déterminé ; & dans le ſens concret, c'eſt une multitude qui ſignifie certaines choſes en parculier ; quand nous diſons par exemple *vingt hommes*, ce nombre 20 ſignifie des hommes, & ne peut ſignifier autre chose ; mais quand nous disons simplement vingt, alors ce nombre ne signifie pas plus vingt hommes, que vingt maisons, & peut s'appliquer à tout ce que l'on voudra. Or la multitude en general n'est qu'une idée qui n'existe point hors de notre esprit, & qui toute finie qu'elle est, puisqu'elle se trouve dans nous, peut cependant nous représenter l'infini d'une maniere imparfaite, en nous le faisant concevoir comme un nombre que l'on ne sçauroit égaler par l'addition ou la multiplication de tant d'autres nombres que l'on voudra, & qu'on ne peut épuiser par toutes les soustractions ou divisions qu'on imagineroit d'en faire. Vous concevez bien qu'il y a des nombres infinis pris en ce sens, puisqu'il faut en avoir l'idée pour en disputer ; mais comme ce n'est pas de ceux-là dont il s'agit icy, passons aux autres, & voyons ce que nous pourrons y découvrir.

Mettant à part les perfections divines sur l'infinité desquelles personne ne dispute, tout nombre pris dans un sens déterminé peut signifier, ou des choses purement possibles, ou des choses qui ont existé, qui existent, ou qui existeront. Si le nombre qui signifie les possibles les enferme tous sans exception, on ne sçauroit douter qu'il ne soit infini, puisque la Puissance de Dieu étant sans bornes, doit pouvoir produire une infinité de choses ausquelles un nombre infini doit répondre. Or je vois dans ce nombre trois proprietez essentielles qui le distinguent de tous les autres. 1°. On ne sçauroit le rendre plus grand, car s'il étoit possible qu'on l'augmentât, ne fut-ce que de deux unitez, ces deux unitez ne seroient pas dans le pouvoir de Dieu, qui par-là se trouveroit avoir des limites. 2°. Quoique ce soit qu'on tire de ce nombre, il ne perdra rien absolument de sa grandeur. Depuis la création du monde jusqu'à présent, Dieu a tiré du rang des possibles un nombre innombrables de Créatures ; cependant sa Puissance demeure & demeurera toujours la même ; donc il faut nécessairement que le nombre des possibles n'ait rien perdu par la soustraction de tous ces Etres créez. 3°. Enfin, ce nombre n'a point de bornes ni en montant ni en rétrogradant; car Dieu a pû créer de toute éternité, de même qu'il peut créer durant toute l'éternité. Il suit de-là que pour donner une bonne définition du nombre infini, il faut dire que c'est un nombre sans bornes auquel on ne peut rien ajoûter, & qui ne diminuera jamais, quelque grandeur qu'on veüille lui soustraire. Que si l'on veut sçavoir où existe un tel nombre, je répons qu'il existe dans la Puissance de Dieu, de laquelle les possibles, en tant que possibles, ne sont point réellement distincts, ou dans les idées de la Divinité qui conçoit toute l'étendue de son pouvoir ? Remarquez, Monsieur, en passant, que c'est de la participation imparfaite de ces idées que nous est venu celle qui nous fait regarder l'infini comme un nombre qu'on ne peut égaler par l'addition ou la multiplication de tant de nombres que l'on voudra.

Présentement entre les Etres créez, peut-il s'en trouver un seul à qui les trois proprietez de l'infini conviennent ? Non sans doute, & je ne crains point d'être trop hardi en le niant absolument. Supposons, si l'on veut que Dieu eut créé des hommes de toute éternité, le nombre de ceux qui auroient été tirez du néant jusqu'aujourd'hui seroit certainement si grand, qu'il n'y a point de calcul qui pût en approcher ; mais il ne seroit pas pour cela infini, puisque Dieu pourroit en créer de nouveau durant toute l'éternité ; on peut concevoir qu'une ligne contient un ſi grand nombre de points qu'il n'eſt pas poſſible de l'exprimer ; mais comme une ligne double ou triple de celle-là en contiendra deux ou trois fois autant ; vous voyez bien que ce nombre, tout inexprimable qu'il eſt, peut toujours augmenter, & qu'il eſt par-conſéquent bien éloigné d'être infini. Diviſez une ligne d'abord en deux parties égales, prenez l'une de ces parties, & diviſez-là encore en deux, diviſez de même l'une de ces deux-ci, & ainſi de ſuite tant qu'il vous plaira ; non-ſeulement vous ne parviendrez point à la derniere diviſion, mais vous ne pourrez même aſſigner le nombre de diviſions qu'il faudroit pour y parvenir. S'enſuit-il de-là que toutes les diviſions poſſibles de cette ligne ſoient infinies ? Erreur ſi vous le croyez, quoi qu'en diſent les Métaphysiciens qui ont cette prétention, & voici comme je puis vous le démontrer : Si cette ligne est divisible à l'infini, elle contient donc actuellement dans elle une infinité d'endroits par où elle peut être divisée ; vous ne sçauriez le nier puisqu'elle ne peut être divisible par les endroits qu'elle ne contient pas. Si ces endroits sont dans elle, Dieu les voit, & si Dieu les voit, il ne lui coûtera qu'une acte de sa volonté pour en faire tout d'un coup la division. Or en ce cas il est évident que la pénultiéme moitié en contiendra deux, qui seront chacune indivisible, donc &c. & qu'on ne dise point que ces deux moitiez seront encore divisibles à l'infini ; car puisque nous supposons que Dieu aura coupé dans tous les endroits par où les divisions infinies de cette ligne pouvoit se faire, Dieu n'auroit donc pas vû tous ces endroits s'il restoit encore à diviser. La pénultiéme moitié contiendroit donc deux indivisibles, comme je viens de vous le faire voir; parconséquent l'anti-pénultiéme en contiendroit quatre, celle d'auparavant en contiendroit huit, & ainsi des autres en doublant toujours jusqu'à la premiere; d'où il suit que toute la ligne ne seroit qu'un composé d'indivisibles, dont le nombre seroit à la vérité inassignable, mais cependant fini, puisque le double de cette ligne en contiendroit deux fois autant comme j'ai dit cy-dessus.

Je conçois clairement, me dites-vous, qu'on peut toujours prendre moitié de moitié, puisque toute moitié est composée de deux quarts, tout quart est composé de deux huitiémes, tout huitiéme de deux seiziémes, tout seiziéme de deux trente-deuxiémes, ce qui peut aller à l'infini en doublant toujours le dénominateur de la fraction. Je conviens, Monsieur, que vous concevez

vez clairement ceci, ſi vous l'entendez des nombres indéterminez, qui n'étant que des idées abſtraites, n'ont point égard à la nature du ſujet, puiſqu'elles n'en ont point, & peuvent par conſéquent aller toujours, rien n'empêchant notre eſprit de prendre toujours la moitié de la moitié tant qu'il nous plaira d'en imaginer; mais dès qu'il s'agira d'un ſujet déterminé & créé, je prétens que tout ce que vous pouvez y concevoir clairement, c'eſt que le nombre de ſes diviſions vous eſt inaſſignable, & que ſi vous y voyez quelque choſe de plus, c'eſt un faux jugement que vous faites, en appliquant ſans y faire attention, les nombres abſtraits à des ſujets qui ſont incapables d'en avoir les proprietez. Tout ce qui exiſte ſans être Dieu, dépend eſſentiellement de Dieu qui y voit tout ce qu'il y a mis, & qui peut parconſéquent le décompoſer quand il voudra juſqu'à la derniere de ſes diviſions. Penſer autrement, c'eſt ſelon moi ôter les bornes à la Créature pour en donner au Créateur?

Ce qui vous fait de la peine, ajoutez-vous, dans mon ſentiment, c'eſt que vous ne comprenez point la nature des indiviſibles de la matiere. Vous ne ſçavez s'ils ſont penetrables ou impenetrables ; s'ils ont de la réſiſtance ou s'ils n'en ont point, ni comment ils peuvent former une étendue, étant eux-mêmes inétendus. Si vous vouliez bien, Monſieur, écouter un peu moins les préjugez qu'on vous a donné dans les écoles, il vous feroit bien plus facile de comprendre ce qui vous paroît icy incompréhenſible, que de concevoir dans la matiere une prétendue diviſibilité à l'infini, dont je viens de vous démontrer l'impoſſibilité. Un indiviſible dans la matiere n'eſt autre choſe que la plus petite de toutes les parties dont elle peut être composée, ou si vous voulez le dernier pas que la matiere auroit à faire pour rentrer dans son néant : ces indivisibles ne sont ni impénetrables, ni pénetrables, parce que pour être l'un ou l'autre, il faut avoir de l'étenduë, & c'est ce qu'ils n'ont pas ; cependant s'ils viennent à se rencontrer selon des directions opposées, ils se choqueront, & celui qui aura plus de mouvement entraînera celui qui en aura moins, parce que Dieu ne les ayant créez que pour composer des corps, leur a donné une résistance qui ne vient pas de la compression des parties, puisqu'ils n'en ont point, mais de leur propre nature, en sorte que c'est-là leur difference essentielle qui les distingue des êtres indivisibles pensans. Enfin, pour vous faire voir comment ils peuvent former une étenduë, concevez que Dieu transporte l'un de ces indivisibles d'un endroit à un autre par le chemin le plus court, de façon que l'espace parcouru représente une ligne droite. Cet indivisible pendant son transport changera à tout moment de place, jusqu'à ce qu'il soit arrivé à son dernier terme. Or Dieu pourroit créer d'autres indivisibles dans chacune des places que celui-ci auroit quitté ; & supposé qu'il le fit, il est évident que la somme de tous ces indivisibies formeroit une ligne, laquelle seroit étendue & divisible en longueur, quoique ses élemens ne fussent ni étendus ni divisibles en aucune façon. Que si vous concevez encore que Dieu transporte cette ligne d'un lieu à un autre, & qu'il crée d'autres lignes pour occuper les places qu'elle quitte pendant ce transport, la somme de toutes ces lignes formera une surface qui sera divisible, non-seulemeut en longueur, mais encore en largeur ; quoique cette surface ne soit qu'un produit de tous les indivisibles qui composent la premiere ligne par le nombre de toutes les lignes ; & si vous concevez de nouveau que Dieu transporte cette surface d'un endroit à un autre, & qu'il crée des nouvelles surfaces pour occuper les lieux qu'elle quittera pendant son mouvement, vous verrez de même que la somme de toutes ces surfaces formera un corps solide, divisible en longueur, largeur & profondeur, quoique ce corps ne soit que la somme de tous les indivisibles qui composent la premiere ligne de sa premiere surface, multipliée d'abord par le nombre des lignes que cette surface contient, & ensuite par le nombre de toutes les surfaces.

Ce que je viens de dire icy au sujet de ces produits ne sera point embarrassant pour vous, vû les connoissances que vous avez de la Géométrie ; vous sçavez que pour avoir le contenu d'un solide, il faut multiplier ſa longueur par ſa largeur ; ce qui fait ſa baſe, & enſuite multiplier cette baſe par ſa hauteur, ce qui donne ſa ſolidité. Or ſi nous ſuppoſons que l'indiviſible qui a formé la premiere ligne eſt *a*, & le nombre de fois qu'il eſt contenu dans cette ligne *n*, la ligne ſera par-conſéquent *na*, c'eſt-à-dire l'indiviſible pris autant de fois qu'il y eſt contenu ; de même ſi nous ſuppoſons que le nombre des lignes qui compoſent la premiere ſurface ſoit encore *n*, cette ſurface ſera *nna*, c'eſt-à-dire la premiere ligne *na*, priſe autant de fois qu'elle eſt contenue dans la ſurface ; & ſi nous ſuppoſons enfin que le nombre des ſurfaces qui compoſent le ſolide ſoit auſſi *n*, ce ſolide ſera *nnna*, c'eſt-à-dire la premiere ſurface *nna*, priſe autant de fois qu'elle ſe trouve dans le ſolide, & cette expreſſion *nnna* vous fait voir que le ſolide n'eſt autre choſe que l'indiviſible pris autant de fois qu'il y a d'unitez dans *nnn*. Voilà donc des indivisibles qui forment des étenduës, non-seulement en longueur, mais encore en largeur & profondeur, quoiqu'ils ne contiennent dans eux aucune de ces dimensions, & je ne vois pas que ceci soit plus difficile à comprendre, que de concevoir que des deniers forment des sols, des livres, des écus, &c. quoiqu'ils ne soient rien de tout cela.

Toutes les choses donc que nous appellons infinies dans ce monde ne sont que des inassignables qui peuvent se réduire à deux classes ; l'une contient les êtres dont on ne sçauroit marquer la derniere de toutes les divisions qu'ils peuvent souffrir, & l'autre contient ceux dont nous ne pouvons marquer les bornes par toutes les additions & les multiplications que nous imaginons d'en faire. De cette derniere espece sont ces longueurs infinies que vous

vous flattez, Monsieur, de concevoir si aisément, parce que vous ne voyez point, dites-vous, ce qui peut empêcher Dieu de les produire. Ce qui vous trompe en ceci, c'est que vous ne faites pas attention, que quoique nous disions que Dieu peut tout, nous n'entendons pourtant pas que Dieu puisse faire ce qui borneroit sa puissance, ni ce qui renfermeroit en soy quelque contradiction : or je puis facilement vous faire voir qu'une ligne infinie porteroit l'un & l'autre de ces caracteres. Car premierement, ou cette ligne ne contiendroit pas toutes les longueurs possibles, ou elles les contiendroit. Si elles ne les contenoit pas, Dieu pourroit donc en produire d'autres qu'il pourroit ajoûter, & qui feroient par conséquent une valeur encore plus grande que cette ligne, qui par cela seulement cesseroit d'être infinie. Que si vous dites qu'elle les contiendra toutes, voilà

voilà donc la puissance de Dieu bornée en fait de longueur, & devenue impuissante de ce côté-là. Mais, m'objecterez-vous, vous avez dit cy-dessus que quelque chose que l'on retranche du nombre des possibles, ce nombre ne sçauroit diminuer; cela est vrai, & je le soûtiens encore; mais je soutiens en même tems, que s'il pouvoit se faire que ce que l'on en retrancheroit lui fut égal, le reste seroit égal à zero: d'où il suit, que Dieu de tout-puissant qu'il étoit avant d'appliquer sa puissance, deviendroit absolument impuissant après l'avoir appliquée? Il y a donc bien de la différence entre dire que Dieu peut tout, & dire que Dieu peut faire tout ce qu'il peut. Dire que Dieu peut tout, c'est dire que Dieu ne fera jamais tant qu'il ne puisse encore faire, & cela est vrai; mais dire que Dieu peut faire tout ce qu'il peut, c'est dire que Dieu peut épuiser sa puissance;

ce qui eſt abſolument faux, non-ſeulement parce qu'il ne le voudra jamais, mais encore parce que quelque addition qu'il faſſe aux choſes qu'il a déja faites, ces additions quelques grandes qu'elles ſoient ſeroient finies en elles-mêmes, puiſqu'en les joignant aux choſes déja faites elles deviendroient plus grandes ; & qu'ainſi, ni les choſes faites ni les additions ne ſeroient jamais égales au nombre des poſſibles. Voilà donc déja la ligne infinie devenue impoſſible du côté de la puiſſance de Dieu, & cela me ſuffiroit pour vous prouver que vous avez eu tort de croire que vous en conçeviez la poſſibilité ; mais je veux bien aller plus loin, & vous faire voir qu'elle renferme en elle-même des contradictions qui acheveront de détruire dans votre eſprit la fauſſe idée que vous vous en étiez formé. Suppoſons donc par impoſſible que Dieu eût produit une ligne d'une longueur infinie, ſans bornes, & telle que vous vous le figurez. Je vous demanderai d'abord ſi je puis en retrancher une longueur, par exemple, de quatre toiſes, ou ſi je ne le puis pas. Si cela ne ſe peut, cette ligne ne ſera donc pas une longueur; car il eſt évident que toute longueur ayant des parties continues qui ſont les unes à côté des autres, il n'y a rien qui empêche qu'on n'en tire tout autant que l'on voudra. Mais ſi vous répondez que je le puis, je vous demanderai de nouveau ſi après cette ſouſtraction la ligne ſera toujours infinie, ou ſi elle ceſſera de l'être. Direz-vous qu'elle ceſſera de l'être? Donc que l'infini & le fini ne differeront entr'eux que de quatre toiſes. Direz-vous au contraire qu'elle le ſera toujours? J'aurai en main de quoi vous prouver que vous avez tort, puiſqu'en lui rendant les quatre toiſes que je lui aurai ôtées, je pourrai l'aggrandir d'autant, & augmenter par conſéquent ſa valeur, ce qui ne ſçauroit convenir à l'infini. Que ſi pour prendre un milieu, vous me répondez que je ne lui aurai rien ôté, je vous montrerai les quatre toiſes, & je vous demanderai encore ſi elles les contient malgré la ſouſtraction que j'en aurai faite, ou ſi elles ne les contient plus. Si elles ne les contient plus, il eſt donc faux que je ne lui aye pas retranché quelque choſe ; & ſi elles les contient encore, je vous demanderai pour la derniere fois ſi vous conçevez qu'un être créé puiſſe donner quelque choſe du ſien ſans rien perdre, & ſi ce n'eſt pas-là une de ces proprietez qui ne peuvent appartenir qu'à la Divinité. Tournez-vous, retournez-vous comme il vous plaira, vous ſerez toujours dans l'embarras, & je vous défie de me répondre, quelque ſolution que vous puiſſiez imaginer.

Je vois bien que recourant aux façons de parler des Mathématiciens, vous pourrez me répondre que ces quatre toises ne seront rien, eu égard au nombre infini que la ligne infinie en contient : vain subterfuge ; cela est vray dans le sens des Mathématiciens qui ne considerent les grandeurs que par le rapport qu'elles peuvent avoir les unes avec les autres, & non pas dans le sens absolu, selon lequel tout être, quelque petit qu'il soit, qui ne sera pas contenu dans un nombre, augmentera la valeur de ce nombre dès qu'il viendra à y être ajouté ; mais en voilà assez pour ce qui regarde le premier Chef de votre Lettre.

Après tout ce que nous venons de voir, vous découvrirez sans peine en quoi sont vitieuses les définitions de l'infini dont vous m'avez parlé. La premiere dit quelque chose, mais elle ne dit pas tout ; & la seconde ajoûte à ce défaut celui de dire ce qu'il ne faut pas. Dire avec les Péripateticiens que l'infini eſt un nombre qui ne ſçauroit être plus grand, cela eſt juſte; mais il faudroit encore dire qu'il eſt ſans bornes, ſoit en montant, ſoit en retrogadant, & qu'il ne ſçauroit diminuer quoique ce ſoit qu'on lui retranche. Dire avec les Modernes que c'eſt un nombre duquel on ne ſçauroit tant retrancher qu'il ne reſte infini; c'eſt fort bien juſques-là; mais ajouter enſuite que ce nombre ſera toujours infini, quelqu'addition qu'on lui faſſe, c'eſt dire ce qu'il ne faut pas, puiſqu'il n'eſt pas poſſible que l'infini ſoit ſuſceptible d'augmentation. Il eſt cependant bon d'obſerver que la définition des Modernes, toute mauvaiſe qu'elle eſt, pour exprimer le nombre véritablement infini, ne laiſſe pas d'être fort bonne pour tous les nombres inaſſignables. Dès-lors qu'un nombre porte ce caractere, qu'on en retranche tout ce qu'on voudra, ſoit en nombre connus, ſoit en parties aliquotes; ou qu'on l'augmente, ſoit en lui ajoûtant d'autres nombres, ſoit en prenant ſes multiples, on ne le rendra pas pour cela moins inaſſignable qu'il n'étoit auparavant. Otez par exemple d'une ligne la valeur de deux autres lignes moindres qu'elle, ou telle de ſes parties aliquotes que vous voudrez, ce qui vous reſtera ſera toujours une petite ligne dont vous ne ſçaurez aſſigner le nombre de points qu'elle contient; de même ajoûtez à cette ligne la valeur de pluſieurs autres, ou prenez-en le double, le triple, &c. vous ne ſçaurez pas plus ce qu'elle vaut, que vous ne ſçaviez ce qu'elle valoit avant cette augmentation. Au reſte, ſi j'inſiſte tant ſur le terme *d'inaſſignable*, ce n'eſt pas que je veüille abſolument condamner celui *d'infini*, dont je ne ferai jamais ſcrupule de me ſervir, puiſque l'uſage l'a autoriſé. Je ſçais qu'il ne faut jamais vétiller ſur des mots, pourvû qu'on convienne de ce qu'on veut qu'ils ſignifient; mais je ſçais auſſi qu'on ne doit point en abuſer, & que le meilleur moyen d'éviter des diſputes inutiles & ſans fin, c'eſt d'ôter l'équivoque dès qu'on ſe trouve avec des perſonnes qui veulent les étendre au-delà de leur ſignification. Qu'on diſe que la matiere eſt diviſible à l'infini, ou qu'il peut y avoir des grandeurs ſans bornes. A la bonne-heure, je le dirai de même ſi l'on veut; mais ſi l'on me fait entendre qu'on prend ces termes à la rigueur, enſorte que Dieu lui-même ne puiſſe épuiſer la diviſibilité de la matiere, ni trouver des bornes à certaines quantitez. Oh Deſlors je ceſſe de parler un langage qui devient équivoque, & je reprens le mot *d'inaſſignable* pour éviter les erreurs dans leſquelles on voudroit me jetter.

Il ne me reste plus qu'à répondre au troisiéme Chef de votre Lettre, que vous regardez comme votre épée de bataille, non-seulement par raport à la matiere que vous y agitez, mais encore par rapport à moy, à l'égard de qui il devient un argument *ad hominem*, à cause que j'aime beaucoup les Mathématiques, & que je me plais d'en relever les beautez. *S'il est vrai*, me dites-vous, *qu'il n'y aye point d'infinis parmi les êtres créez, que deviendront donc la plûpart des Principes & des Démonstrations de vos Mathématiques ? La ligne ne sera donc plus un composé d'un infinité de points : Il n'y aura plus d'infiniment petits, ni de differences de differences, plus de calcul des infinis ; plus de lignes incommensurables, plus d'asymptotes qui approchent toujours de l'hyperbole sans jamais la rencontrer. En un mot, cette belle Science, dont vous faites tant de cas, ne sera plus qu'une édifice bâti sur le Sable, que le moindre souffle fera crouler jusqu'aux fondemens.* Avoüiez-le, Monsieur, vous avez crû en m'écrivant ceci que vous alliez me jetter dans un étrange embarras, & peut-être pensez-vous encore aujourd'hui qu'il me sera bien difficile de m'en retirer. Si cela est, je suis très-fâché de mettre fin à une si douce erreur; mais vous voulez une réponse, & je ne puis vous la faire qu'en vous désabusant. Je commencerai donc par avoir l'honneur de vous dire, que les Mathématiques n'auront rien à souffrir de ma façon de penser, qu'elles subsisteront dans toute leur étenduë, & que leurs démonstrations auront toujours ce caractere d'évidence & de certitude qui les rendent de si grand prix. Peu importe aux Mathématiciens que la matiere soit divisible à l'infini, ou qu'elle ne le soit pas, dès que les proprietez du corps, en tant qu'il est étendu, demeureront toujours les mêmes. Leur unique but eſt de découvrir ces proprietez, & de les démontrer aux autres par des Principes ſi ſimples, qu'il ne ſoit pas poſſible à quiconque n'a pas perdu l'eſprit, de les révoquer en doute, ne fut-ce que pour un moment, & c'eſt à quoi leur ingénieuſe Méthode ne manque jamais de les faire arriver. Conçevez avec eux des parties de matiere ſi petites, qu'on puiſſe les regarder comme indiviſibles, ſans que l'erreur qu'on commettra, ſuppoſé qu'elles ne le ſoient pas, puiſſe être jamais aſſignable; & dès-lors vous ne pourrez nier qu'un nombre inaſſignable de ces parties miſes les unes après les autres, puiſſe former une ligne qui n'aura point de largeur, ou du moins dont la largeur ſera ſi petite qu'on pourra la regarder comme nulle, ſans craindre que l'erreur qui s'y gliſſera puiſſe jamais être aſſignée; & remarquez, Monſieur, que j'aurois pû autoriser mon sentiment au sujet des indivisibles dans la matiere sur la définition que les Mathématiciens donnent du point & de la ligne, en vous disant qu'ils pensent comme moy, puisqu'il disent que le point n'a point de parties ; mais comme je sçais que ce n'est pas là leur intention, parce qu'ils se mettent fort peu en peine des questions qui ne les regardent pas, je n'ay garde de vouloir abuser de leurs expressions pour appuïer un sentiment qui n'a pas besoin de ce secours après la démonstration que je vous en ai donnée. Mais, me direz-vous, le point Mathématique peut donc être encore divisé ? Oüi sans doute, puisqu'il n'est pas nécessaire que ce point, pour être regardé comme indivisible, soit la moindre de toutes les parties que la matiere contient ; mais qu'il suffit de ne pouvoir assigner le nombre qu'il en faut pour former une ligne, quelque petite qu'elle ſoit. Vous voyez donc, Monſieur, que par le mot *d'infiniment petit*, ou par celui de *parties infinies* contenues dans la la ligne, nous n'entendons icy que des quantités ſi petites à l'égard d'un autre, qu'on ne peut pas exprimer combien de fois elles y ſont contenues ; & vous allez voir encore mieux, que par tout où vous trouverez le terme d'infini dans les Mathématiques, vous pouvez hardiment, & vous devez même y ſubſtituer celui *d'inaſſignable*, qui dans la rigueur eſt l'unique qu'on devroit employer.

Qu'on tombe d'accord avec les Mathématiciens que la matiere peut être diviſée en un nombre de parties inaſſignables, & qu'on peut de même l'augmenter au point qu'il ne ſera plus poſſible d'exprimer ſa grandeur; cela ſeul leur ſuffira pour imaginer un calcul d'infinis ou d'inaſſignables, par le moyen duquel ils vous démontreront des veritez avec tant d'évidence qu'il ne sera pas possible de vous y refuser. Convenez de même avec eux qu'il y a des grandeurs qui ne different entr'elles que d'une partie si petite par rapport à elles, qu'on peut la regarder comme infiniment petite, & que cette partie toute petite qu'elle est, venant à être comparée à un autre à peu peu près semblable, puisse ne differer d'avec elle que d'une partie infiniment petite à son égard. En voilà assez pour leur faire inventer le calcul des differences de difference dont les opérations ne seront pas moins sûres que celles du précédent ; voilà non-seulement des inassignables, mais encore des inassignables d'inassignables, & tout cela ne fait rien pour la divisibilité à l'infini, parce que nous ne sçavons pas si à force de prendre des inassignables d'inassignables nous ne viendrons point à un dernier, qui sera sans que nous le connoiſſions, la moindre partie de la matiere, auquel cas tout ce que nous ferions en continuant le calcul ſeroit égal à zero, puiſque les inaſſignables d'un indiviſible ne ſont rien, comme je vous l'expliquerai bien-tôt. Je ne finirois point ſi je voulois parcourir tous les endroits des Mathématiques où il eſt parlé de l'infini; mais comme les bornes d'une Lettre ne le permettent pas, je me contenterai d'en rapporter encore deux exemples qui vous feront aiſément juger de tous les autres, & qui ſeront, je crois, très-capables de vous faire revenir de vos préventions. Le premier ſera au ſujet de l'incommenſurabilité de certaines lignes, & l'autre regardera l'hyperbole avec ſes aſymptotes.

Deux lignes ſont dites incommenſurables lorſqu'elles ſont de telle nature qu'après avoir retranché la petite de la grande, on trouve que le reſte eſt contenu un certain nombre de fois dans la petite avec un reſte, & que ce ſecond reſte y eſt contenu auſſi un certain nombre de fois avec un troiſiéme reſte, lequel à ſon tour donne encore un quatriéme reſte, & ainſi de ſuite ſans pouvoir jamais aſſigner un dernier reſte qui meſure exactement la petite ligne. Or on démontre en Mathématique, qu'il y a des lignes dans la nature à qui cette proprieté convient, telles que ſont, par exemple, le côté d'un quarré & ſa diagonale, parce que le quarré de la diagonale étant au quarré du côté, comme deux eſt à un, il faudroit pour connoître le rapport de leurs racines qu'on peut extraire la racine de deux, de même qu'on peut extraire la racine de un ; ce qui ne pouvant ſe faire ni en nombres entiers, ni en nombres rompus, fait voir que la diagonale n'a aucune de ſes parties aliquotes, ſi petite qu'elle ſoit, qui puiſſe meſurer exactement le côté du du quarré. Mais s'ensuit-il de-là que tous ces restes successifs de la diagonale soient en nombre véritablement infini, ensorte que ceci puisse servir de preuve à la divisibilité? Non certainement, & je ne doute point que ces restes devenant toujours de plus petits en plus petits, il ne s'en trouve à la fin un qui soit indivisible, quoiqu'il ne nous soit pas possible d'aller jusques-là. Si cela est, me direz-vous, cet indivisible sera la mesure commune de ces deux lignes, qui par conséquent ne seront plus incommensurables, ce qui détruit votre démonstration. Vous avez raison, Monsieur, ces deux lignes auront une commune mesure, mais cette mesure sera inassignable, nous ne pourrons jamais y parvenir; donc notre démonstration subsistera toujours, puisque nous disons simplement qu'on ne pourra assigner de commune mesure, & que d'ailleurs nous avons ſoin de vous avertir que ſi on alloit à l'infini, c'eſt-à-dire à l'inaſſignable, il n'y auroit plus d'incommenſurabilité. Pourquoi donc, me repliquerez-vous, peut-être, vous ſervez-vous icy du calcul des nombres, lequel faiſant abſtraction du ſujet peut aller plus loin que la matiere & vous jetter dans la même erreur que vous m'avez reproché cy-deſſus ? Nous nous ſervons des nombres, parce qu'ils nous rendent la réſolution des problêmes plus facile ; mais nous n'avons garde d'appliquer à la matiere toutes leurs proprietés, & d'ailleurs la maniere dont nous les employons icy ne ſçauroit abſolument nous préjudicier ; car, prenez-y garde, que faiſons-nous lorſque nous tirons une racine par approximation ? Nous faiſons des opérations qui nous donnent une ſuite de fractions de fractions, c'eſt-à-dire des fractions qui ſont toujours de plus petites en plus petites ; or s'il arrive qu'après une ſuite inaſſignable d'opérations, quelqu'une de ces fractions exprime le reſte indiviſible de la diagonale, toutes les autres qui viendront après ſeront de nulle valeur, parce que ce ne ſeront plus que des fractions d'un indiviſible, leſquelles ne ſont rien, puiſque rien ne ſçauroit être plus petit qu'un indiviſible. D'ailleurs, que penſez-vous que faſſent les nombres en prenant toujours fractions de fractions ſans s'arrêter jamais? Ils font une ſuite d'opérations dont on ne verroit jamais le bout dans toute la durée de l'éternité, mais qui dans le fonds ne pourroit jamais parvenir qu'à épuiſer l'unité abſtraite qui lui ſert de ſujet: or les opérations inaſſignables qu'on feroit ſur la diagonale l'épuiſeroient de même; donc nous pouvons nous ſervir des nombres ſans craindre de nous tromper, d'autant plus qu'il n'eſt pas facile d'opérer ſur la matiere, de même que ſur les nombres.

Pour vous rendre ceci plus ſenſible, je vais faire le calcul, non pas pour vous l'apprendre, car je ſçais que vous ne l'ignorez pas, mais pour vous le remettre devant les yeux.

```
        6 04
    2 1 9 00
    4 00
1 | 00 |    |
2 |    |    |      ( 1 4/10 · 1/100 · 4/1000 · &c.
---------------
1 2 4 8 1 2 3
    2 2 8
```

Nous tirons d'abord la racine de 2 qui eſt 1, & il reſte 1. Or, comme ce reſte eſt trop petit pour continuer l'opération, nous l'augmentons de deux zeros, ce qui fait 100, & nous continuons en obſervant que 1 étant devenu 100 centiémes d'unitez; ce qui viendra pour la racine ne ſera pas des unitez, mais des $\frac{1}{10}$ d'unitez, parce que la racine de 100 eſt 10. Le ſecond caractere de la racine eſt donc $\frac{4}{10}$, & il nous reſte 4 que nous multiplions encore par 100, ce qui fait 400; mais comme 4 valoit déja des centiémes, 400 vaudra des centiémes de centiémes, c'eſt-à-dire des dix milliémes d'unitez ; ainſi le troiſiéme caractere de la racine vaudra des centiémes ; tirant donc la racine nous avons $\frac{1}{100}$ augmentant de même le reſte 110 de deux zeros, & tirant la racine, nous avons pour le quatriéme caractere de la racine $\frac{4}{1000}$, c'eſt-à-dire quatre milliémes. Si nous voulions continuer toujours de la même façon, nous pouſſerions le calcul ſi loin, qu'il nous plairoit ſans en trouver la fin, & les fractions qui viendroient à la racine feroient toujours dix fois plus petites les unes que les autres ; car vous voyez icy que la premiere vaut des dixiémes, la ſeconde des centiémes, l'autre des milliémes, &c. Suppoſant donc par impoſſible qu'on eût à la fin la ſuite entiere de ces fractions, la racine totale compoſée de l'unité & de toutes ces fractions feroit la valeur exacte de la diagonale, & ſignifieroit que pour avoir cette valeur, il faudroit d'abord prendre 1, c'eſt-à-dire, le côté du quarré, enſuite $\frac{4}{10}$ de ce côté, enſuite un $\frac{7}{100}$ de ce même côté, puis $\frac{4}{1000}$, &c. Or à force de prendre des parties toujours de plus petites en plus petites, on en viendroit à un nombre inaſſignable, à une derniere qui feroit la moindre de toutes celles que le côté peut contenir, & alors les fractions ſuivantes que le calcul continueroit de nous donner feroient égales à zero, parce que des fractions d'un indiviſible ne ſont rien; d'où il ſuit que ce calcul ne ſçauroit nous tromper. Mais que feroient donc ces nombres en allant toujours? Que vous importe pourvû qu'ils ne fiſſent rien qui pût vous nuire. Ils chercheroient l'indiviſible de leur unité, de même que nous aurions trouvé l'indiviſible de la notre qui eſt le côté du quarré, & c'eſt à quoi ils ne parviendroient qu'après toute une éternité, l'esprit pouvant toujours prendre des dixiémes de dixiémes à l'infini. En voilà ce me semble assez sur l'arricle des incommensurables, sur lequel il me paroît par votre Lettre que vous aviez fait grand fonds. Voyons maintenant si les grandeurs infinies que vous prétendez concevoir trouveront mieux leur compte dans les démonstrations que nous donnons touchant les proprietez de l'hyperbole, que la divisibilité de la matiere à l'infini ne l'a trouvé dans celles dont nous venons de parler.

Vous sçavez, Monsieur, * qu'aïant décrit deux hyperboles opposées, dont le premier axe est la ligne *AB*, & le second la ligne *DE*; si par le sommet *B* de l'une de ces hyperboles on tire une ligne *FBG* pararelle & égale au second axe, en sorte que sa moitié *FB* soit égale à *DC*, & l'autre moitié *BG* égale à *CE*, & qu'en-

* *Voyez la Figure à la fin.*

ſuite du centre *C* on tire la ligne *CS*, paſſant par l'extrémité *F* de la ligne *FBG*, & la ligne *CT* paſſant par l'autre extremité, ces deux lignes *CS*, *CT* s'appellent les aſymptotes de l'hyperbole. Vous n'ignorez pas non plus que ſi entre les aſymptotes on tire des lignes *QR*, *QR* paralelles au petit axe *DE*, & qui coupent l'hyperbole, le rectangle fait de la partie *LR* de l'une de ces lignes laquelle on voudra, & de *QL* ſon autre partie eſt égal au quarré de *DC* moitié du petit axe, comme il eſt démontré dans les ſections coniques. Or cela ſuppoſé, nous diſons que quoique l'hyperbole en s'éloignant de ſon ſommet approche toujours de plus en plus de ſes aſymptotes, elles ne les rencontrera cependant qu'à l'infini. La raiſon de cela eſt que la ligne *LR* ſera toujours finie tant que l'hyperbole ſera d'une grandeur finie; & qu'ainſi nous pourrons ſçavoir combien

combien de fois elle contient la ligne *DC* moitié du petit axe ; d'où il suit qu'elle sera plus petite que le quarré de cette même ligne *DC*, qui contient sa base *DC* un nombre inassignable de fois, & que par conséquent elle aura toujours besoin d'avoir une petite partie *QL* entre l'hyperbole & l'asymptote, afin que l'autre partie *LR* étant multipliée par cette partie elle forme un rectangle égal au quarré de *DC* : mais ce ne sera plus la même chose quand l'hyperbole sera devenue infinie, parce qu'alors la ligne *LR* étant aussi infinie, contiendra un nombre infini de fois la ligne *DC*, & deviendra par cette raison égale au quarré de cette ligne qui la contient de même un nombre infini de fois. La ligne *LR* n'aura donc plus besoin d'avoir une petite partie *QL* hors de l'hyperbole, elle ne devra même plus en avoir, parce que si elle en avoit, le rectangle de cette partie &

de *LR* feroit plus grand que le quarré de *DC* ; donc alors la ligne *LR* fera toute entiere entre les deux côtez de l'hyperbole, & par conféquent les afymptotes toucheront l'hyperbole en cet endroit, puifqu'on fuppofe que *QR* eft tirée entre les afymptotes. Telle eft cette fameufe propofition des fections coniques dont vous croyez tirer un fi grand avantage. *Peut-on mieux prouver*, vous recriez-vous, *qu'il peut y avoir des grandeurs infinies que par la maniere dont vous démontrez la proprieté de l'hyperbole entre fes afymptotes ? L'hyperbole de finie qu'elle étoit, devient infinie ; les afymptotes ne la touchent qu'à une diftance infinie de leur fommet ; la ligne comprife entre les afymptotes devient infinie, & égale à un quarré qui contient une infinité de lignes ; tout cela peut donc être puifque vous le fuppofez : Pourquoi donc ne pourrai-je pas avancer ce que vous avancez vous même dans vos démonf-*

rations? Tout cela peut-être, Monsieur, si vous l'entendez des grandeurs inassignables, comme j'ay déja eu l'honneur de vous dire plusieurs fois; mais tout cela n'est pas ni ne sçauroit être si vous l'entendez des grandeurs vraiment infinies ausquelles nous n'avons jamais pensé; quoique nous nous servions du terme d'infini que l'usage a autorisé depuis long-tems, il nous suffit que l'hyperbole devienne d'une grandeur inassignable pour avancer ce que nous avançons. La ligne comprise entre les asymptotes devenant alors d'une grandeur inassignable, contiendra la ligne *DC* un nombre inassignable de fois, de même que le quarré de cette ligne, & par conséquent elle sera égale à ce quarré. Que si les inassignables nous suffisent, qu'avons-nous besoin d'aller chercher un infini, auquel nous ne concevons rien, & que nous laissons pour ce qu'il vaut? Avez-vous pû croire sérieusement que des personnes qui ne peuvent rien souffrir dans leur science que ce qu'il n'est pas possible de nier un seul instant, se jettent tête baissée dans une opinion que ses Auteurs n'ont jamais pû, je ne dis pas démontrer, mais même prouver par des raisons de quelque valeur. Ce n'est pas là le caractere des Mathématiciens ; leur grande & inviolable Loy est de ne rien assurer qui soit susceptible de la moindre contradiction, & ce n'est jamais assez pour eux qu'une chose leur paroisse avoir telle ou telle proprieté, s'il peut se trouver quelqu'un dans l'Univers qui puisse prouver que cette proprieté ne lui convient pas : de-là vient qu'ils ne disent jamais ; *cela nous est évident*, mais simplement, *cela est évident*, parce qui est tel à l'égard d'un esprit, doit l'être aussi à l'égard de tout autre que l'on mettra sur les voyes, & qui voudra s'y apliquer, l'évidence n'étant point differente de la vérité, & la vérité étant toujours unique pour tous. J'ai dit, *pourvû qu'on le mette sur les voyes*, parce qu'il y a des évidences de raisonnement ou de conclusion, que certains esprits ne seroient pas capables de connoître, si on ne leur montroit les applications qu'on a fait des principes pour en venir aux conclusions. Or en ce cas il faut que les principes soient évidents, & que l'application qu'on fait de ces principes le soit aussi; car autrement la conclusion ne sçauroit l'être, & c'est ce que les Mathématiciens observent toujours, & ce que je voudrois que les Métaphysiciens observassent de même lorsqu'ils parlent de l'infini. Mais me direz-vous, tous les Mathématiciens ne pensent pas comme vous au sujet des grandeurs infinies, & de la divisibilité de la matiere. Eh bien, Monsieur, qu'est-ce que cela peut prouver? Si quelques-uns d'entreux imbus de vieux & ridicules préjugez n'en ſçauroient revenir, quoique cette Science leur apprenne à rejetter tout ce qui n'eſt pas évident, tant pis pour eux. Nous ſçavons diſtinguer entre les Mathématiques & les Mathématiciens, & nous ne les honorerons de ce titre que lorſqu'ils ne le démentiront pas par leur façon de penſer.

Il eſt tems de finir cette Lettre; auſſi-bien ſuis-je las de tant écrire ſur une Matiere dont il ne devroit plus être queſtion depuis long-tems, ſi les hommes ſçavoient un peu mieux ſe précautionner contre les opinions. J'ai fait ce que vous m'avez demandé; mais de grace, Monſieur, ne m'obligez plus d'y revenir, car tout ce que je pourrois vous écrire après ceci ne ſeroit que d'inutiles répétitions, prenez la peine de lire attentivement tout ce que j'ay renfermé dans cette réponſe, & vous y trouverez non-ſeulement de quoi réformer les erreurs qu'on vous a inspirées, mais encore de quoi confondre les Métaphysiciens qui voudroient vous y entretenir, en leur faisant voir d'une part la fausseté de leurs raisonnemens, & de l'autre l'abus qu'il font des Mathématiques lorsqu'ils se servent de leur démonstrations pour leur donner un poids qu'ils ne sçauroient avoir. Souvenez-vous sur-tout en parlant avec eux de n'user du terme *d'infini* que lorsque vous ne pourrez faire autrement, & de mettre à sa place par tout ailleurs celui *d'inassignable*; gravez bien ce mot dans votre mémoire, & pour vous l'inculquer mieux, permettez-moy de vous assurer que, s'il y avoit des inassignables en fait de sentimens, on auroit bien de la peine d'en trouver qui égalassent la considération, l'attachement & l'amitié avec laquelle j'ay l'honneur d'être, Monsieur,

Votre très-humble, &c.

VEU l'Approbation du 3 Novembre 1736. *Signé* PITOT.

Permis d'Imprimer. A Paris ce 23 Novembre 1736.

HERAULT.

Registré sur le Livre de la Communauté des Libraires & Imprimeurs de Paris, N°. 2089. *Conformément aux Reglemens, & nottament à l'Arrêt de la Cour du Parlement du 3 Décembre 1705. A Paris le treize Décembre 1736.*

G. MARTIN, Syndic.

De l'Imprimerie de JACQUES CHARDON.

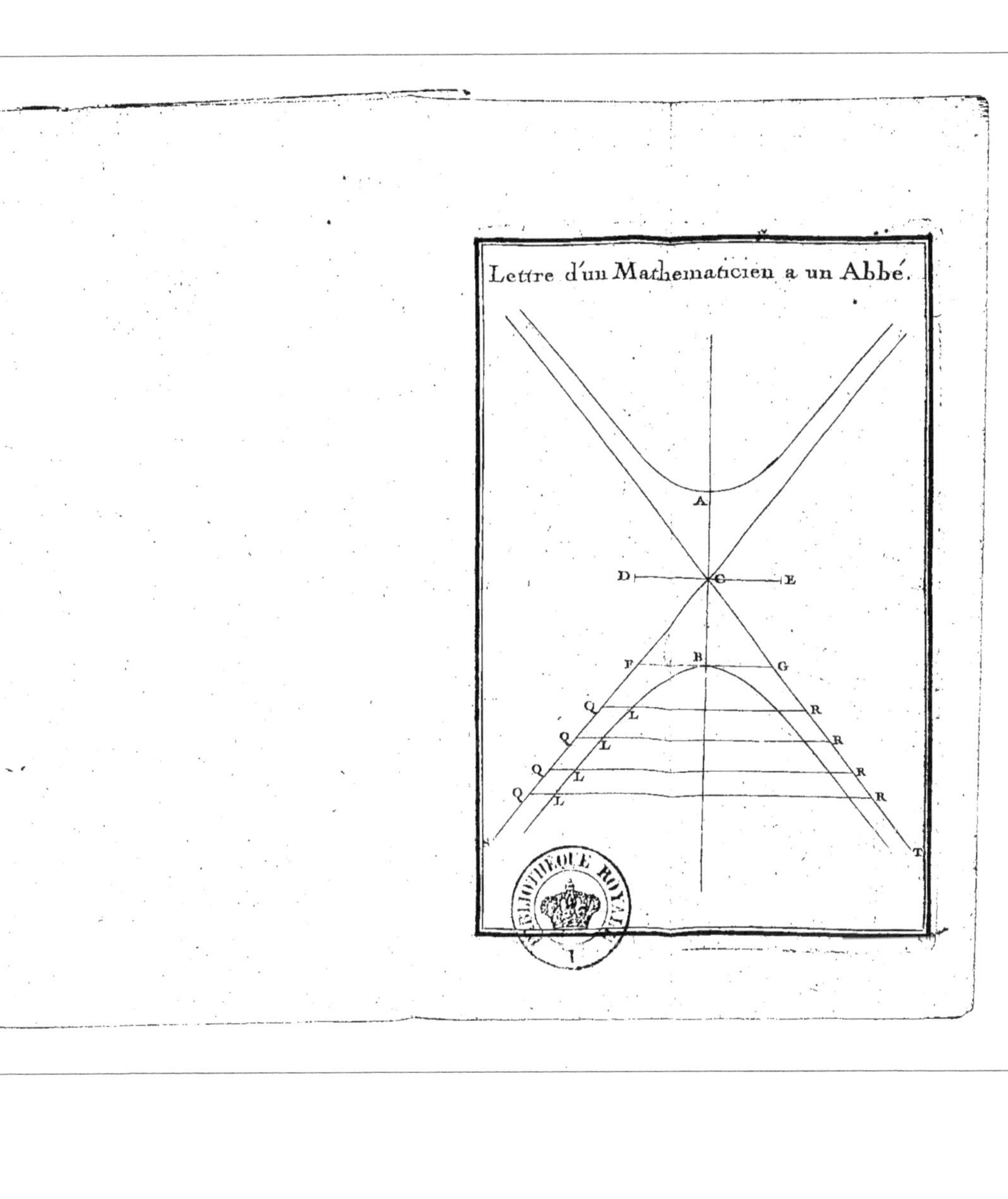
Lettre d'un Mathematicien a un Abbé.
A
D
C
E
F
B
G
Q
L
R
Q
L
R
Q
L
R
Q
L
R
T

www.ingramcontent.com/pod-product-compliance
Ingram Content Group UK Ltd.
Pitfield, Milton Keynes, MK11 3LW, UK
UKHW020427230726
13925UKWH00004B/1633

9 782013 676892